ELKE SELKE

GEHÄKELTE GARDINEN 5

FOTOGRAFIE: KARSTEN SELKE

Herstellung und Verlag: BoD – Books on Demand, Norderstedt.
ISBN: 9783752806441

Bibliografische Information der Deutschen Nationalbibliothek
Die Deutsche Nationalbibliothek verzeichnet diese Publikation in
der Deutschen Nationalbibliografie; detaillierte bibliografische
Daten sind im Internet über www.dnb.de abrufbar.

Inhalt:

Liebe Leserinnen und Leser,

Häkeln macht Spaß und Filethäkelei ist auch gar nicht so schwer. Schließlich sind es nur Luftmaschen und Stäbchen, die in der richtigen Reihenfolge aneinandergereiht die schönsten Muster ergeben.
In diesem Buch finden Sie eine Auswahl dekorativer Gardinen mit Blumen und Tieren, mit klaren grafischen Mustern oder mit verspielten romantischen Motiven - wählen Sie Ihr Lieblingsmodell!

Ich wünsche Ihnen viel Erfolg und viel Spaß beim Häkeln!

Ihre Elke Selke

Bevor Sie beginnen ...

Für das Gelingen der Häkelarbeit spielt die Qualität des Materials eine sehr große Rolle. Bitte bedenken Sie bei der Auswahl des Garnes, dass eine Handarbeit, die in jedem Fall viel Zeit in Anspruch nimmt, auch für viele Jahre ihre Schönheit behalten soll. Daher ist es sehr wichtig, hochwertiges Garn zu wählen. Lassen Sie sich vom Händler beraten oder nutzen Sie die Telefonhotlines der Hersteller.

Häkelgarne gibt es nicht nur in verschiedenen Farben und Qualitäten, sondern auch in verschiedenen Stärken. Für Gardinen empfehle ich die Stärke 12 (LL 285 m/50g). Die meisten Gardinen dieses Buches sind in dieser Stärke gearbeitet.

Wichtig ist auch die Wahl einer geeigneten Häkelnadel. Diese muss auf die Stärke des Garnes abgestimmt sein. Sie finden auf den Banderolen des Häkelgarns Angaben zur empfohlenen Größe der Häkelnadel. Auch die Häkelnadel sollte von guter Qualität sein. Eine Häkelnadel, die nicht gut verarbeitet ist, die beim Häkeln hakt oder nicht gut in der Hand liegt, wird Ihnen keine Freude bereiten. Ob Sie eine Häkelnadel aus Metall, Holz, Bambus oder Kunststoff wählen, ist Ihrem Empfinden überlassen. Probieren Sie die Nadeln am besten vor dem Kauf aus.

Bei jeder Gardine habe ich Maße angegeben, die als Orientierung dienen sollen. Auch bei Verwendung des gleichen Garns und einer Häkelnadel in der gleichen Stärke können Abweichungen auftreten. Ob Sie fest oder eher locker häkeln und wie die Gardine nach Fertigstellung gespannt wird, das alles hat Einfluss auf die endgültige Größe der Arbeit.

Die Größenangaben beziehen sich immer auf die Größe der gespannten Gardine.

Sie finden bei jedem Modell auch Hinweise zur möglichen Veränderung der Größe der Gardine. Einige Gardinen können um ganze Mustersätze reduziert oder erweitert werden, andere lassen sich durch Einfügen oder Entfernen von Filetreihen an die gewünschte Fenstergröße anpassen. Häkeln Sie vor Beginn der Arbeit eine kleine Musterprobe, um die Größe hochrechnen zu können. Hierzu empfehle ich, ein Quadrat aus 10 Kästchen in Höhe und Breite mit dem Garn und der Häkelnadel, die Sie für die Gardine verwenden wollen, zu häkeln. Aus der Größe des Quadrates können Sie die Größe des fertigen Modells berechnen.

Ganz wichtig für ein optimales Erscheinungsbild einer Häkelarbeit ist das Spannen. Der Markt bietet Spannrahmen, Spannunterlagen und Spannvorrichtungen in verschiedenen Ausführungen an. Ich habe für die Modelle des Buches die Hilfe einer Gardinenspannerei in Anspruch genommen, die ich sehr empfehlen kann:

Gardinen- und Deckenspannerei, K. Schernich, Hauptstr. 32, 96193 Wachenroth, Tel. 09548/8069.

Die Filethäkelei

Die Filethäkelei ist eine schnell zu erlernende Häkeltechnik.
Wenn Sie das Häkeln von Luftmaschen, Stäbchen und
Kettmaschen beherrschen, dann können Sie bereits alle Modelle
des Buches nacharbeiten.

Den Beginn bildet eine Luftmaschenkette (Abb. 1/ Seite 12). Die
benötigte Anzahl Luftmaschen ist bei jedem Modell vermerkt.
Dann werden Hin- und Herreihen gearbeitet. Das erste Stäbchen
wird dabei durch drei Wendeluftmaschen ersetzt. (Abb. 2/ Seite
12)

Die Filethäkelei ist eine Kombination aus leeren und gefüllten
Kästchen. Ein leeres Kästchen besteht aus einem Stäbchen und
zwei Luftmaschen, ein gefülltes Kästchen besteht aus drei
Stäbchen. Durch das Aneinanderfügen gefüllter Kästchen
werden Motive gestaltet.

Wenn leere Kästchen auf leere Kästchen gehäkelt werden, müssen die Stäbchen in die Stäbchen der Vorreihe gearbeitet werden. Wenn volle Kästchen auf volle Kästchen gehäkelt werden, werden alle Stäbchen in die Stäbchen der Vorreihe gearbeitet. Wenn volle Kästchen auf leere Kästchen gehäkelt werden, wird ein Stäbchen in das Stäbchen und zwei weitere Stäbchen um die Luftmaschen der Vorreihe gearbeitet. Wenn leere Kästchen auf volle Kästchen gehäkelt werden, dann wird ein Stäbchen in das Stäbchen der Vorreihe gearbeitet und die beiden folgenden Stäbchen werden durch zwei Luftmaschen ersetzt.

Zunahmen: Bei den Gardinen mit Zickzack- oder Spitzenrändern sind Zunahmen erforderlich. Wenn ein Kästchen am Reihenanfang zugenommen werden soll, werden am Anfang 6 Luftmaschen gehäkelt, die ersten vier ersetzen das erste Stäbchen, in die 5. und 6. Luftmasche wird jeweils ein Stäbchen gearbeitet, das nächste Stäbchen wird in das letzte Stäbchen der Vorreihe gehäkelt.
Für das Zunehmen eines Kästchens am Reihenende müssen drei Doppelstäbchen gehäkelt werden. Die Einstichstelle des ersten ist die Einstichstelle des letzten Stäbchens. Die beiden weiteren Doppelstäbchen werden in das erste Abmaschglied des vorigen Doppelstäbchens eingestochen. Wenn mehrere Kästchen zugenommen werden sollen, verfahren Sie entsprechend.

Abnahmen: Um Kästchen am Reihenanfang abzunehmen, häkeln Sie eine Wendeluftmasche und Kettmaschen in jedes Stäbchen bzw. jede Luftmasche der Vorreihe, bis Sie an die gewünschte Stelle kommen. Um ein Kästchen abzunehmen, häkeln Sie also eine Wendeluftmasche und 2 Kettmaschen. Das Abnehmen am Reihenende ist ganz einfach, Sie enden an der gewünschten Stelle und lassen die übrigen Kästchen unbehäkelt.

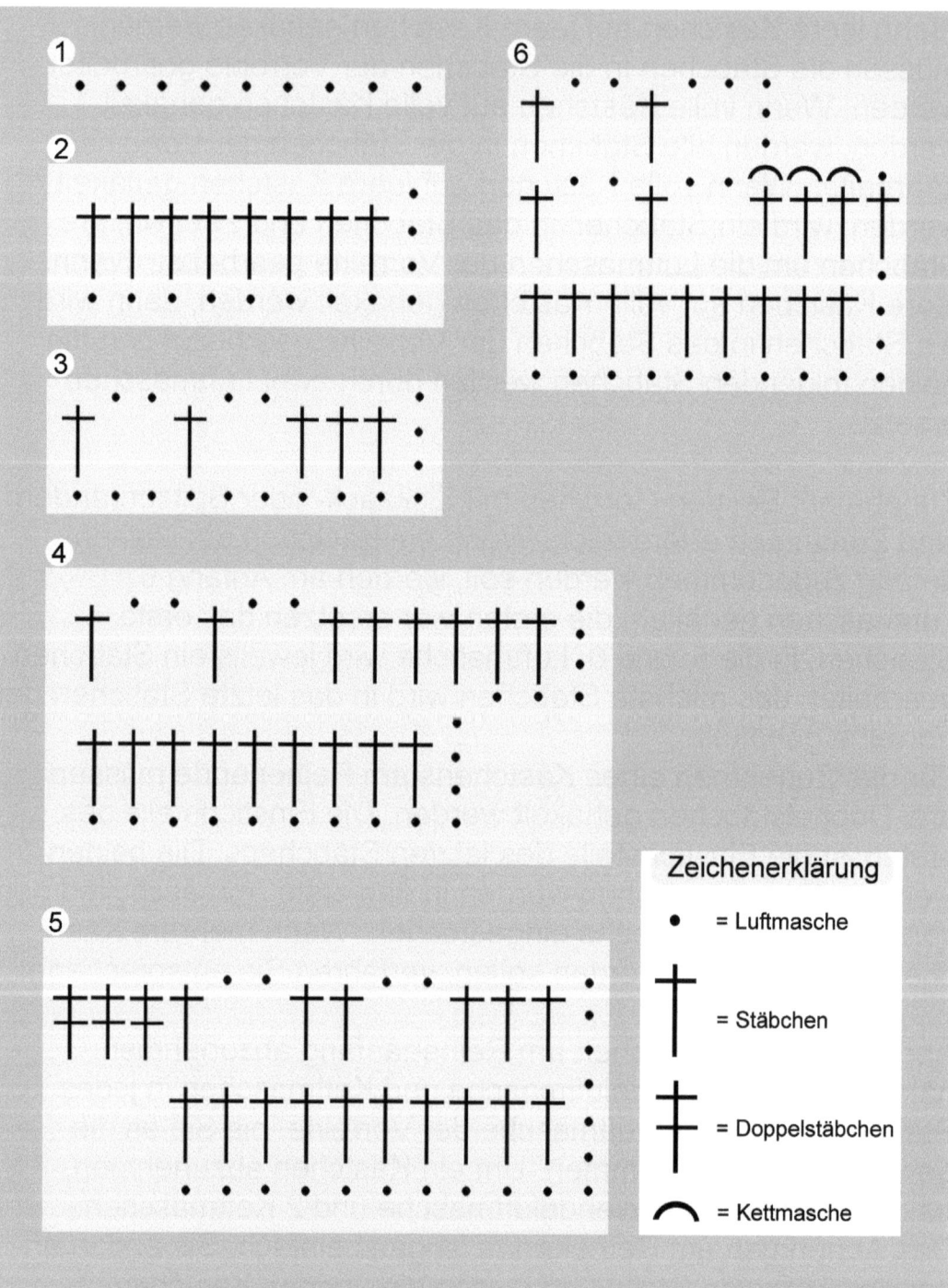

Zeichenerklärung

● = Luftmasche

† = Stäbchen

‡ = Doppelstäbchen

⌒ = Kettmasche

Die Randlösungen

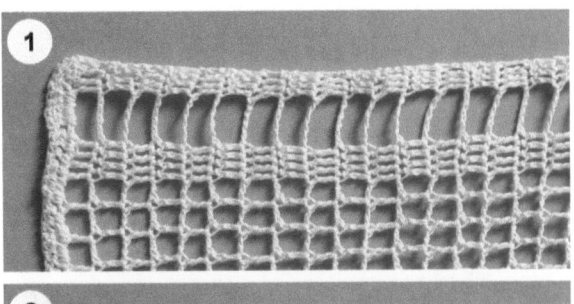

Randlösung 1:
Dieser Randabschluss ist
sehr einfach zu arbeiten, er
bietet verschiedene
Möglichkeiten der
Aufhängung und kann
problemlos für breitere
Stangen abgewandelt

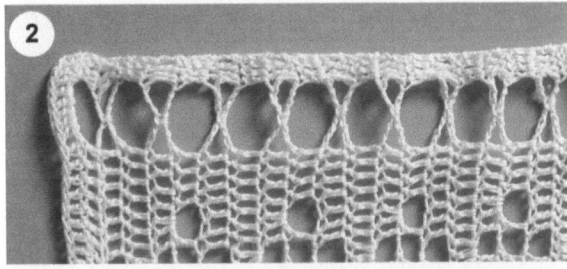

werden. Über die letzten vier
Kästchen werden ein volles
Kästchen, 5 Luftmaschen
über 2 Kästchen und wieder

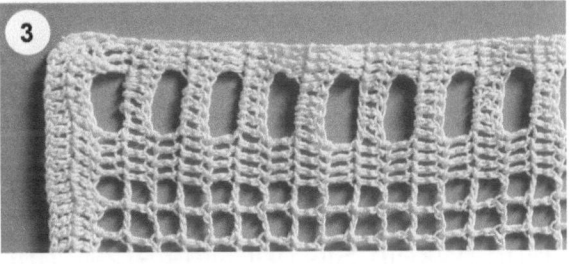

ein volles Abschlusskästchen
gehäkelt. Diese Randlösung
wird bei den meisten im Buch
vorgestellten Gardinen
verwendet und ist in der
Musterzeichnung mit Randlösung 1 bezeichnet.

Randlösung 2: Die Randlösung 3 wird ähnlich der Randlösung 1
gearbeitet. Über die letzten 5 Kästchen werden ein volles
Kästchen, 5 Luftmaschen über 2 Kästchen und wieder ein volles
Abschlusskästchen gehäkelt. In der Rückreihe werden 1 volles
Kästchen, 2 Luftmaschen, 1 feste Masche in die vorherige
Luftmaschenreihe und wieder 2 Luftmaschen sowie ein volles
Kästchen gearbeitet.

Randlösung 3: Für diese Randlösung werden über die letzten
vier Kästchen in der Hinreihe vier volle Kästchen gearbeitet und
in der Rückreihe ein volles Kästchen, 5 Luftmaschen über 2
Kästchen und wieder ein volles Abschlusskästchen.

Schiff Ahoi!

Drei Schiffe zieren die kleine Gardine. Sie eignet sich gut für das Kinderzimmer oder auch für das Bad.

Breite x Höhe :   69 cm x 47 cm

Material: 100 Gramm Häkelgarn Stärke 12 in weiß
                               1 Häkelnadel Nr. 1,25

Muster auf Seite 63 im Musterteil

Diese Gardine wird quer von links nach rechts gehäkelt. Sie beginnen mit einer Kette aus 168 Luftmaschen. Die ersten drei Luftmaschen bilden die Randluftmaschen, Sie häkeln das erste Stäbchen in die vierte Luftmasche und arbeiten insgesamt 55 gefüllte Kästchen.
Dann häkeln Sie der Musterzeichnung entsprechend weiter. Für den Bogen am unteren Rand arbeiten Sie Zu- und Abnahmen wie im Lehrgang Filethäkelei beschrieben. Für den Stangendurchzug arbeiten Sie die Randlösung 1 (Lehrgang Filethäkelei).
Die fertige Gardine spannen, anfeuchten und trocknen lassen.

Tipp: Sie können am oberen Rand einige zusätzliche leere Filetreihen einfügen, um Ihre gewünschte Höhe zu erreichen. Bei breiteren Fenstern können Sie einzelne Mustersätze hinzufügen.

Gardine mit Tulpenrand

Ganz einfach und doch sehr wirkungsvoll ist diese kleine Tulpen-
Gardine. Ob in natur, apricot, hellgelb, hellblau oder einfach in
weiß - dieses Modell wirkt immer!

Breite x Höhe: 72 cm x 43 cm

Material: 100 Gramm Häkelgarn Stärke 12 in natur
                        1 Häkelnadel Nr. 1,25

Muster auf Seite 58 im Musterteil

Diese Gardine wird quer von links nach rechts gehäkelt. Sie
beginnen mit einer Kette aus 153 Luftmaschen. Die ersten drei
Luftmaschen bilden die Randluftmaschen, Sie häkeln das erste
Stäbchen in die vierte Luftmasche und arbeiten insgesamt 50
gefüllte Kästchen.
Dann häkeln Sie der Musterzeichnung entsprechend weiter. Für
den Stangendurchzug arbeiten Sie die Randlösung 1 (Lehrgang
Filethäkelei).
Die fertige Gardine spannen, anfeuchten und trocknen lassen.

Tipp: Durch Einfügen oder Weglassen einzelner Mustersätze
können Sie die Gardine einfach an Ihr Fenster anpassen. Auch
die Höhe lässt sich durch zusätzliche Mustersätze vergrößern.

Geometrisches Muster

Auch dieses vollflächige geometrische Muster erzielt ganz
bestimmt seine Wirkung!

Breite x Höhe: 51 cm x 90 cm

Material: 150 Gramm Häkelgarn Stärke 12 in weiß
                             1 Häkelnadel Nr. 1,25

Muster auf Seite 52 im Musterteil

Diese Gardine wird quer von links nach rechts gehäkelt. Sie
beginnen mit einer Kette aus 303 Luftmaschen. Die ersten drei
Luftmaschen bilden die Randluftmaschen, Sie häkeln das erste
Stäbchen in die vierte Luftmasche und arbeiten insgesamt 100
gefüllte Kästchen.
Dann häkeln Sie der Musterzeichnung entsprechend weiter. Für
den Stangendurchzug arbeiten Sie die Randlösung 1 (Lehrgang
Filethäkelei).
Die fertige Gardine spannen, anfeuchten und trocknen lassen.

Tipp: Dieses Muster eignet sich auch gut für einen Tischläufer.
Lassen Sie dazu die oberen Randmaschen weg.

19

Ganz ohne Schnörkel

Nicht viel Schnick-Schnack, lediglich verschiedene Rechtecke und Quadrate ergeben dieses interessante Muster.

Breite x Höhe: 70 cm x 42 cm

Material:

       100 Gramm Häkelgarn Stärke 12 in creme
       1 Häkelnadel Nr. 1,25

Muster auf Seite 54 im Musterteil

Diese Gardine wird quer von links nach rechts gehäkelt. Sie beginnen mit einer Kette aus 162 Luftmaschen. Die ersten drei Luftmaschen bilden die Randluftmaschen, Sie häkeln das erste Stäbchen in die vierte Luftmasche und arbeiten insgesamt 53 gefüllte Kästchen.
Dann häkeln Sie der Musterzeichnung entsprechend weiter und arbeiten die Zu- und Abnahmen am unteren Rand wie im Lehrgang Filethäkelei beschrieben. Arbeiten Sie für den Stagendurchzug die Randlösung 1.

Die fertige Gardine spannen, anfeuchten und trocknen lassen.

Die kleine Kirche

Könnte das nicht ein Bild aus Ihrem Heimatort sein? Diese Gardine ist ganz einfach zu arbeiten. Durch den geraden Rand ist sie gut für Anfänger/innen geeignet.

Breite x Höhe: 70 cm x 50 cm

Material: 100 Gramm Häkelgarn Stärke 12 in weiß
                        1 Häkelnadel Nr. 1,25

Muster auf Seite 64 im Musterteil

Diese Gardine wird quer von links nach rechts gehäkelt. Sie beginnen mit einer Kette aus 177 Luftmaschen. Die ersten drei Luftmaschen bilden die Randluftmaschen, Sie häkeln das erste Stäbchen in die vierte Luftmasche und arbeiten insgesamt 58 gefüllte Kästchen.
Dann häkeln Sie der Musterzeichnung entsprechend weiter. Für den Stangendurchzug am oberen Rand häkeln Sie die Randlösung 1 (siehe Lehrgang Filethäkelei).

Die fertige Gardine spannen, anfeuchten und trocknen lassen.

Dekorative Ornamente

Dieses Modell passt in jedes Zimmer - probieren Sie es doch einmal mit Häkelgarn in einer anderen Farbe!

Breite x Höhe: 67 cm x 41 cm

Material: 75 Gramm Häkelgarn Stärke 12 in weiß
                 1 Häkelnadel Nr. 1,25

Muster auf Seite 57 im Musterteil

Diese Gardine wird quer von links nach rechts gehäkelt. Sie beginnen mit einer Kette aus 147 Luftmaschen. Die ersten drei Luftmaschen bilden die Randluftmaschen, Sie häkeln das erste Stäbchen in die vierte Luftmasche und arbeiten insgesamt 48 gefüllte Kästchen. Dann häkeln Sie der Musterzeichnung entsprechend weiter. Für den Bogen am unteren Rand Zu- und Abnahmen arbeiten wie im Lehrgang Filethäkelei beschrieben. Für den Stangendurchzug arbeiten Sie die Randlösung 1 (siehe Lehrgang Filethäkelei).
Die fertige Gardine spannen, anfeuchten und trocknen lassen.

Tipp: Ganz einfach können Sie durch Einfügen weiterer Mustersätze die Breite der Gardine vergrößern.

Alle meine Entchen …

Das ist eine Gardine für das Haus auf dem Land oder für alle, die sich ein wenig Bauernhof-Feeling in ihre Wohnung holen wollen.

Breite x Höhe: 70 cm x 30 cm

Material: 60 Gramm Häkelgarn Stärke 12 in weiß
                   1 Häkelnadel Nr. 1,25

Muster auf Seite 61 im Musterteil

Diese Gardine wird quer von links nach rechts gehäkelt. Sie beginnen mit einer Kette aus 114 Luftmaschen. Die ersten drei Luftmaschen bilden die Randluftmaschen, Sie häkeln das erste Stäbchen in die vierte Luftmasche und arbeiten insgesamt 37 gefüllte Kästchen. Dann häkeln Sie der Musterzeichnung entsprechend weiter. Es wird die Randlösung 1 gearbeitet, (siehe Lehrgang Filethäkelei).
Die fertige Gardine spannen, anfeuchten und trocknen lassen.

Tipp: Die Gardine wirkt auch gut in Gelb! Die Breite lässt sich gut durch das Einfügen oder Weglassen einzelner Mustersätze an Ihre Fenster anpassen.

Pferdchen lauf Galopp

Das ist die Gardine für alle Pferdeliebhaber/innen oder für die Ferienwohnung auf dem Bauernhof.

Breite x Höhe: 62 cm x 53 cm

Material: 100 Gramm Häkelgarn Stärke 12 in weiß
                    1 Häkelnadel Nr. 1,25

Muster auf Seite 65 im Musterteil

Die Gardine wird quer von links nach rechts gehäkelt. Sie beginnen mit einer Kette aus 207 Luftmaschen. Die ersten drei Luftmaschen bilden die Randluftmaschen, Sie häkeln das erste Stäbchen in die vierte Luftmasche und arbeiten insgesamt 68 gefüllte Kästchen. Dann häkeln Sie die Gardine von links nach rechts entsprechend der Musterzeichnung weiter.
Für den Stangendurchzug arbeiten Sie die Randlösung 1 (siehe Lehrgang Filethäkelei).
Die fertige Gardine spannen, anfeuchten und trocknen lassen.

Tipp: Sie können das Pferdchen nach dem gleichen Muster auch in Kreuzstich auf Kissen, Taschen usw. sticken.

Meereswelten

Das ist die Gardine für Aquarianer/innen oder einfach als Blickfang für's Bad. Auch in hellem Blau wird entfaltet sie ganz sicher ihre Wirkung.

Breite x Höhe: 67 cm x 53 cm

Material: 100 Gramm Häkelgarn Stärke 12 in weiß
                    1 Häkelnadel Nr. 1,25

Muster auf Seite 62 im Musterteil.

Diese Gardine wird quer von links nach rechts gehäkelt. Sie beginnen mit einer Kette aus 192 Luftmaschen. Die ersten drei Luftmaschen bilden die Randluftmaschen, Sie häkeln das erste Stäbchen in die vierte Luftmasche und arbeiten insgesamt 63 gefüllte Kästchen.
Dann häkeln Sie der Musterzeichnung entsprechend weiter. Für den Stangendurchzug am oberen Rand arbeiten Sie die Randlösung 1 (siehe Lehrgang Filethäkelei).
Die fertige Gardine spannen, anfeuchten und trocknen lassen.

31

Blumenmuster

Dieses reizvolle Blumenmuster ist eine Zierde für jedes Fenster!

Breite x Höhe: 65 cm x 65 cm

Material: 120 Gramm Häkelgarn Stärke 12 in weiß
                           1 Häkelnadel Nr. 1,25

Muster auf Seite 55 im Musterteil.

Diese Gardine wird quer von links nach rechts gehäkelt. Sie beginnen mit einer Kette aus 234 Luftmaschen. Die ersten drei Luftmaschen bilden die Randluftmaschen. Sie häkeln das erste Stäbchen in die vierte Luftmasche und arbeiten insgesamt 77 gefüllte Kästchen. Dann häkeln Sie die Gardine von links nach rechts der Musterzeichnung entsprechend weiter. Für den Bogen am unteren Rand werden Zu- und Abnahmen gearbeitet wie im Lehrgang Filethäkelei beschrieben.
Für den Stangendurchzug am oberen Rand arbeiten Sie die Randlösung 1 (siehe Lehrgang Filethäkelei).
Die fertige Gardine spannen, anfeuchten und trocknen lassen.

Tipp: Durch Einfügen oder Weglassen einzelner Mustersätze können Sie die Breite der Gardine an Ihre Fenster anpassen. Für eine Vergrößerung der Höhe können Sie einzelne Reihen leerer Kästchen einfügen.

Spitzenklasse

Diese Gardine ist nicht ganz einfach, aber der Aufwand lohnt sich!

Breite x Höhe: 60 cm x 50 cm

Material: 65 Gramm Häkelgarn Stärke 12 in ecrú
                 1 Häkelnadel Nr. 1,25

Muster auf Seite 56 im Musterteil.

Diese Gardine wird quer von links nach rechts gehäkelt. Sie beginnen mit einer Kette aus 78 Luftmaschen. Die ersten drei Luftmaschen bilden die Randluftmaschen. Sie häkeln das erste Stäbchen in die vierte Luftmasche und arbeiten insgesamt 25 gefüllte Kästchen. Dann häkeln Sie die Gardine von links nach rechts der Musterzeichnung entsprechend weiter. Für den Bogen am unteren Rand werden Zu- und Abnahmen gearbeitet wie im Lehrgang Filethäkelei beschrieben.
Für den Stangendurchzug am oberen Rand arbeiten Sie die Randlösung 1 (siehe Lehrgang Filethäkelei).
Die fertige Gardine spannen, anfeuchten und trocknen lassen.

Tipp: Die Höhe der Gardine kann durch Einfügen leerer Kästchenreihen verändert werden.

Bald nun ist Weihnachtszeit

Dieses Modell wird zum Hingucker in der Weihnachtszeit. Sie können es neutral in weiß oder auch in grün häkeln.

Breite x Höhe: 68 cm x 44 cm

Material: 100 Gramm Häkelgarn Stärke 12 in weiß
                   1 Häkelnadel Nr. 1,25

Muster auf Seite 66 im Musterteil.

Diese Gardine wird quer von links nach rechts gehäkelt. Sie beginnen mit einer Kette aus 159 Luftmaschen. Die ersten drei Luftmaschen bilden die Randluftmaschen. Sie häkeln das erste Stäbchen in die vierte Luftmasche und arbeiten insgesamt 52 gefüllte Kästchen. Dann häkeln Sie die Gardine von links nach rechts der Musterzeichnung entsprechend weiter.
Für den Stangendurchzug am oberen Rand arbeiten Sie die Randlösung 1 (siehe Lehrgang Filethäkelei).
Die fertige Gardine spannen, anfeuchten und trocknen lassen.

Tipp: Die Höhe und die Breite der Gardine kann durch Einfügen leerer Kästchenreihen verändert werden.

Der Baum

Dieses Modell ist erfordert viel Zeit und viel Geduld. Aber der Aufwand lohnt sich!

Breite x Höhe: 51 cm x 81 cm

Material: 130 Gramm Häkelgarn Stärke 12 in creme
                   Häkelnadel Nr. 1,25

Muster auf Seite 51 im Musterteil.

Diese Gardine wird quer von links nach rechts gehäkelt. Sie beginnen mit einer Kette aus 173 Luftmaschen. Die ersten drei Luftmaschen bilden die Randluftmaschen. Sie häkeln das erste Stäbchen in die vierte Luftmasche und arbeiten insgesamt 90 gefüllte Kästchen. Dann häkeln Sie die Gardine von links nach rechts der Musterzeichnung entsprechend weiter.
Für den Stangendurchzug am oberen Rand arbeiten Sie die Randlösung 2 (siehe Lehrgang Filethäkelei).
Die fertige Gardine spannen, anfeuchten und trocknen lassen.

Tipp: Das Modell wirkt auch in lindgrün oder natur sehr dekorativ.

Einfach und doch sehr wirkungsvoll

Ganz schnell haben Sie dieses Modell fertig! Mit der klaren geometrischen Musterung passt es in jedes Zimmer.

Breite x Höhe: 70 cm x 42 cm

Material: 80 Gramm Häkelgarn Stärke 12 in weiß
                   1 Häkelnadel Nr. 1,50

Muster auf Seite 59 im Musterteil.

Diese Gardine wird quer von links nach rechts gehäkelt. Sie beginnen mit einer Kette aus 162 Luftmaschen. Die ersten drei Luftmaschen bilden die Randluftmaschen. Sie häkeln das erste Stäbchen in die vierte Luftmasche und arbeiten insgesamt 53 gefüllte Kästchen. Dann häkeln Sie die Gardine von links nach rechts der Musterzeichnung entsprechend.
Für den Stangendurchzug am oberen Rand arbeiten Sie die Randlösung 1 (siehe Lehrgang Filethäkelei).
Die fertige Gardine spannen, anfeuchten und trocknen lassen.

Tipp: Diese Gardine können Sie ganz unkompliziert in Höhe und Breite verändern. Sie entfaltet ihre Wirkung in vielen Farben, verwenden Sie einfach Ihre Lieblingsfarbe.

Dekorativ mit Herzen

Dieses Muster lässt sich in der Breite gut variieren. Es ist sehr dekorativ und wirkt in vielen Farben.

Breite x Höhe: 60 cm x 52 cm

Material: 100 Gramm Häkelgarn Stärke 12 in creme
                     1 Häkelnadel Nr. 1,50

Muster auf Seite 50 im Musterteil.

Die Gardine wird quer von links nach rechts gehäkelt. Sie beginnen mit einer Kette aus 174 Luftmaschen. Die ersten drei Luftmaschen bilden die Randluftmaschen. Sie häkeln das erste Stäbchen in die vierte Luftmasche und arbeiten insgesamt 57 gefüllte Kästchen.
Für die unteren Bögen häkeln Sie Zu- und Abnahmen wie im Lehrgang Filethäkelei beschrieben. Für den Stangendurchzug am oberen Rand arbeiten Sie die Randlösung 3 (siehe Lehrgang Filethäkelei).

Die fertige Gardine spannen, anfeuchten und trocknen lassen.

Zackenrand

Dieses Muster lässt sich in Höhe und Breite gut variieren. Es eignet sich für eine lange Scheibengardine und wenn Sie die leeren Kästchenreichen im oberen Bereich weglassen, erhalten Sie eine dekorative Kurzgardine.

Breite x Höhe: 50 cm x 74 cm

Material: 100 Gramm Häkelgarn Stärke 10 in natur
                    1 Häkelnadel Nr. 1,50

Muster auf Seite 60 im Musterteil.

Die Gardine wird quer von links nach rechts gehäkelt. Sie beginnen mit einer Kette aus 231 Luftmaschen. Die ersten drei Luftmaschen bilden die Randluftmaschen. Sie häkeln das erste Stäbchen in die vierte Luftmasche und arbeiten insgesamt 76 gefüllte Kästchen.
Für die unteren Bögen häkeln Sie Zu- und Abnahmen wie im Lehrgang Filethäkelei beschrieben. Für den Stangendurchzug am oberen Rand arbeiten Sie die Randlösung 1 (siehe Lehrgang Filethäkelei).

Zauberhafte Ornamente

Dieses Muster lässt sich in der Breite gut variieren. Es ist sehr dekorativ und passt in jedes Zimmer.

Breite x Höhe: 51 cm x 50 cm

Material: 75 Gramm Häkelgarn Stärke 12 in weiß
                   1 Häkelnadel Nr. 1,25

Muster auf Seite 53 im Musterteil.

Die Gardine wird quer von links nach rechts gehäkelt. Sie beginnen mit einer Kette aus 168 Luftmaschen. Die ersten drei Luftmaschen bilden die Randluftmaschen. Sie häkeln das erste Stäbchen in die vierte Luftmasche und arbeiten insgesamt 55 gefüllte Kästchen.
Für die unteren Bögen häkeln Sie Zu- und Abnahmen wie im Lehrgang Filethäkelei beschrieben. Für den Stangendurchzug am oberen Rand arbeiten Sie die Randlösung 1 (siehe Lehrgang Filethäkelei).

Die fertige Gardine spannen, anfeuchten und trocknen lassen.

Und was wird aus den Resten?

Wer gern und viel häkelt, hat irgendwann einen ganzen Korb voller Restknäule. Drei Muster für schöne Borten finden Sie . auf der nebenstehenden Seite.

Borte 1, Breite 18 cm: Sie beginnen mit einer Kette aus 45 Luftmaschen. Die ersten drei Luftmaschen bilden die Randluftmaschen. Häkeln Sie das erste Stäbchen in die vierte Luftmasche und arbeiten Sie 14 gefüllte Kästchen. Arbeiten Sie nach Musterzeichnung bis Sie die gewünschte Länge erreicht haben.

Borte 2, Breite 20 cm: Sie beginnen mit einer Kette aus 66 Luftmaschen. Die ersten drei Luftmaschen bilden die Randluftmaschen. Häkeln Sie das erste Stäbchen in die vierte Luftmasche und arbeiten Sie 21 gefüllte Kästchen. Arbeiten Sie nach Musterzeichnung bis Sie die gewünschte Länge erreicht haben.

Borte 3, Breite 28 cm: Sie beginnen mit einer Kette aus 90 Luftmaschen. Die ersten drei Luftmaschen bilden die Randluftmaschen. Häkeln Sie das erste Stäbchen in die vierte Luftmasche und arbeiten Sie 29 gefüllte Kästchen. Arbeiten Sie nach Musterzeichnung bis Sie die gewünschte Länge erreicht haben.

Die fertigen Borten spannen, anfeuchten und trocknen lassen. Die angegebenen Breiten beziehen sich auf die Verwendung von Häkelgarn Stärke 12. Arbeiten Sie die Borten so lang Sie möchten. Die finden Verwendung als Regalborte oder als dekorativer Rand an Handtüchern, Vorhängen und Rollos.

Musterteil

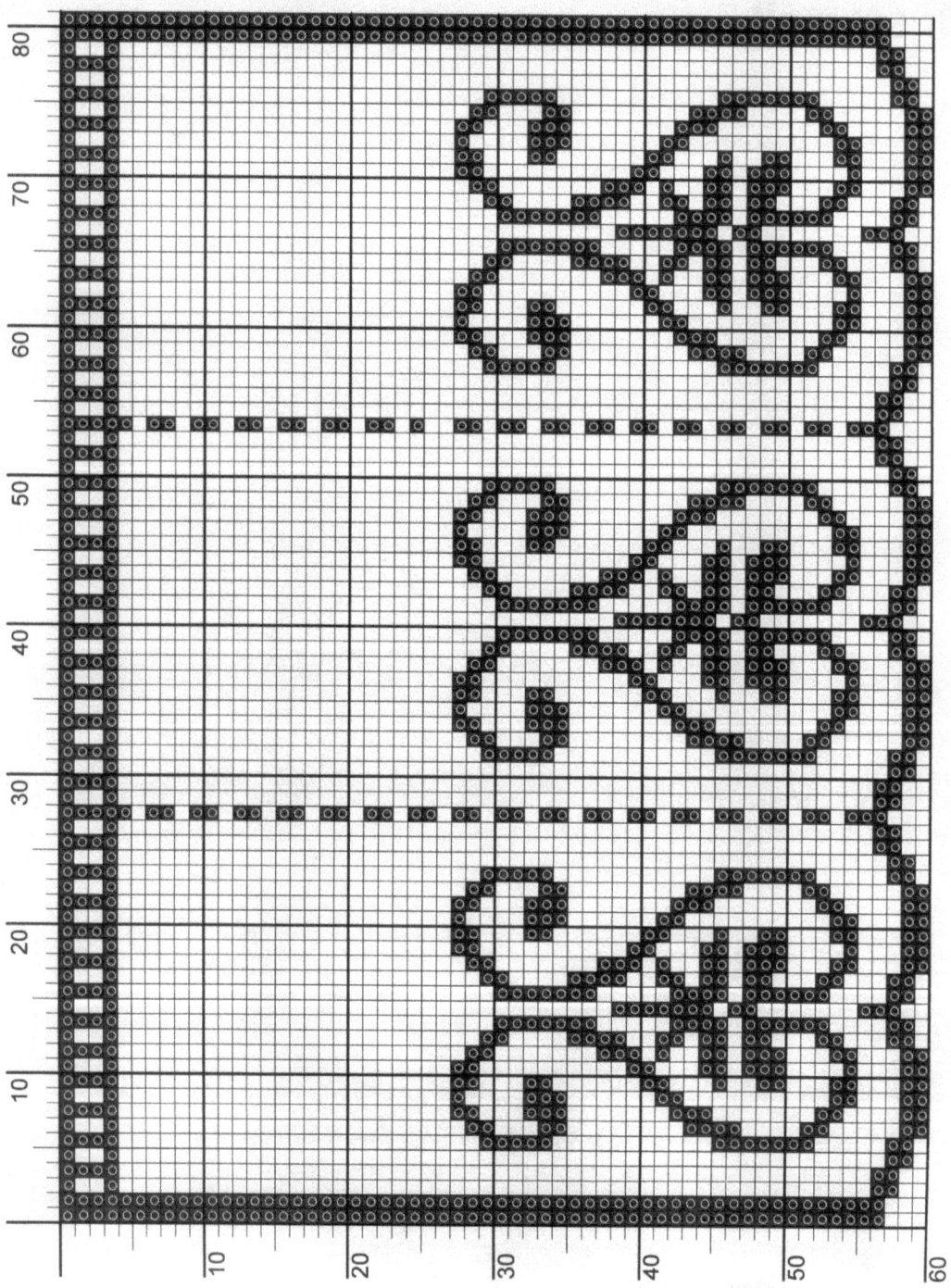

50

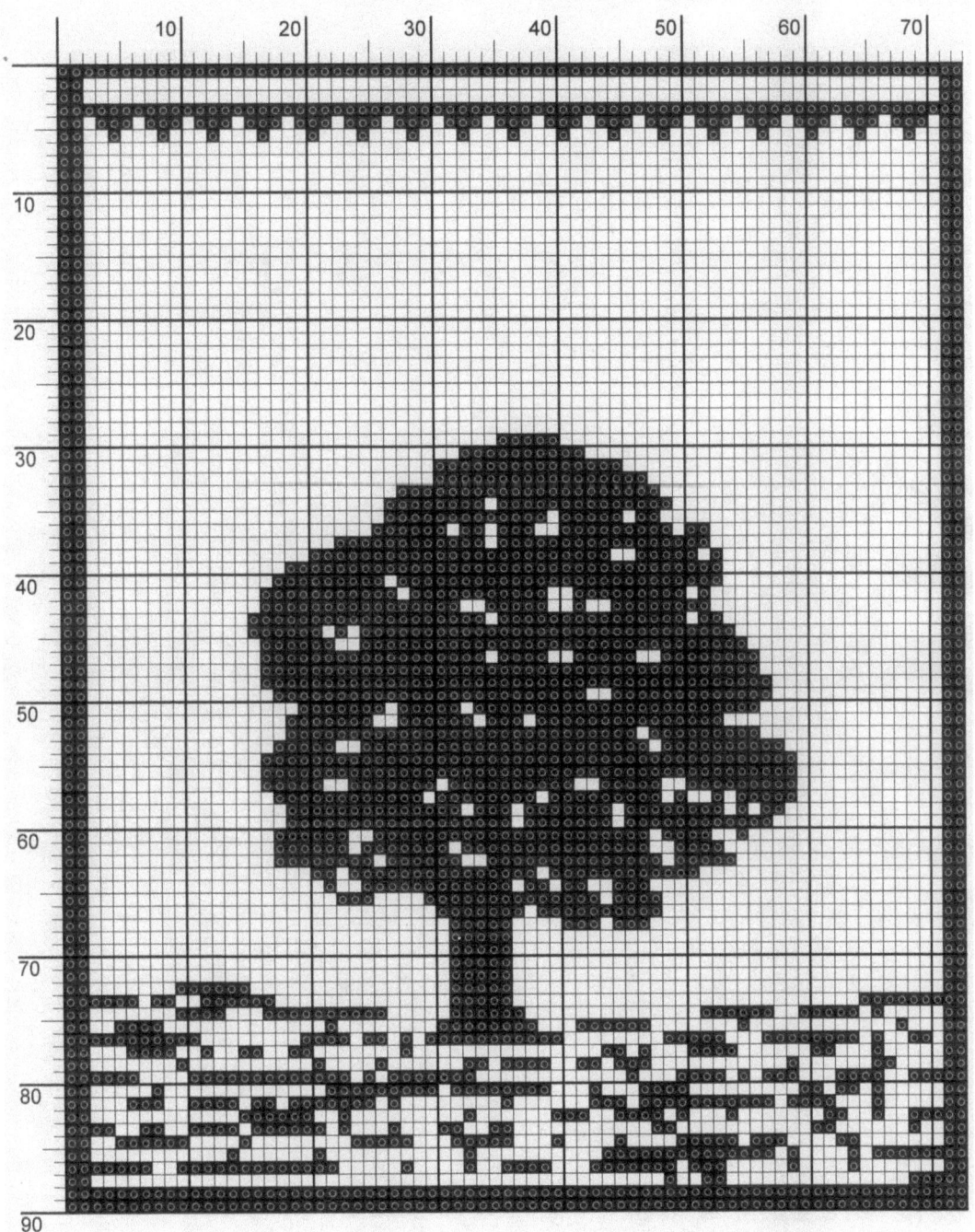

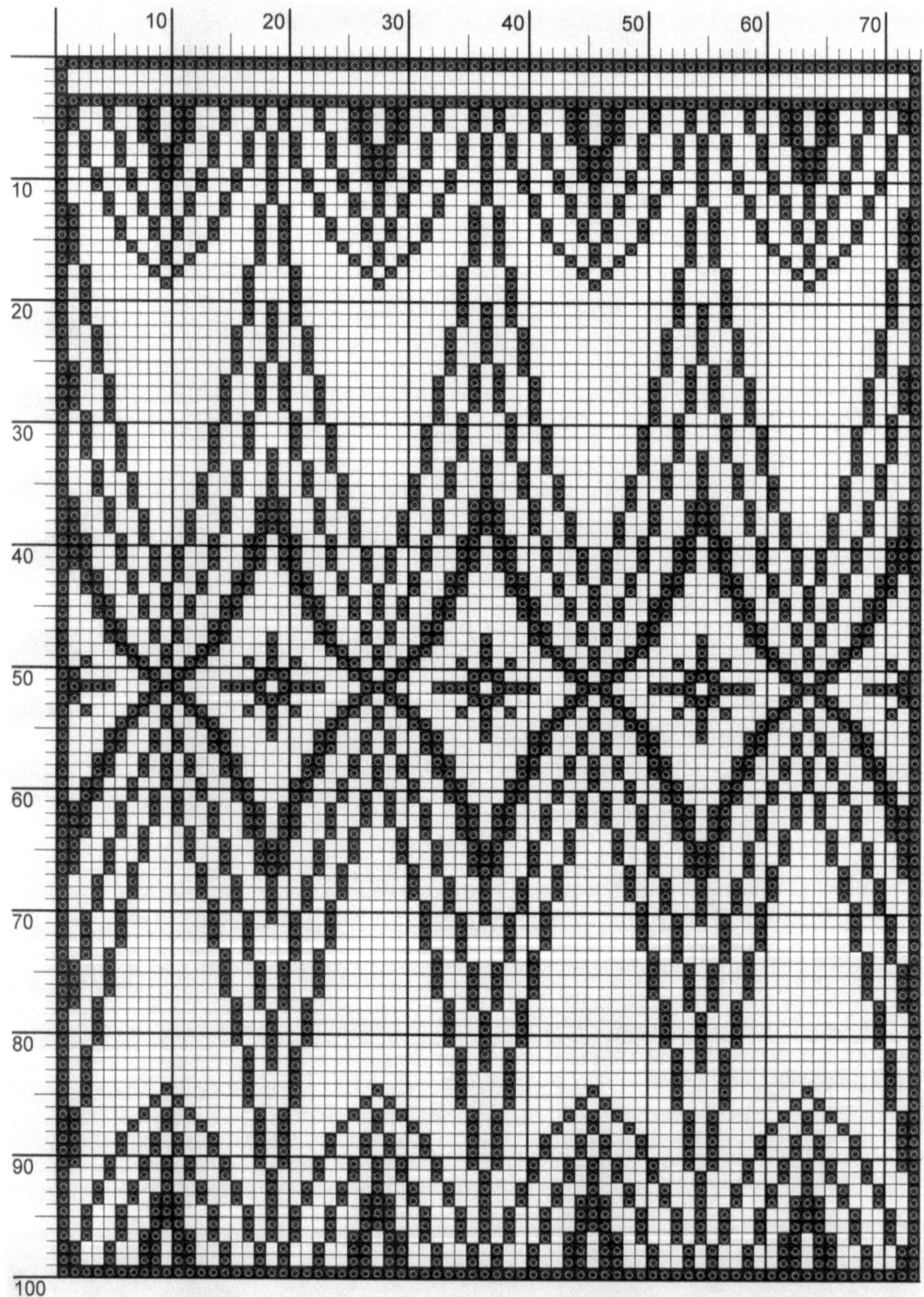

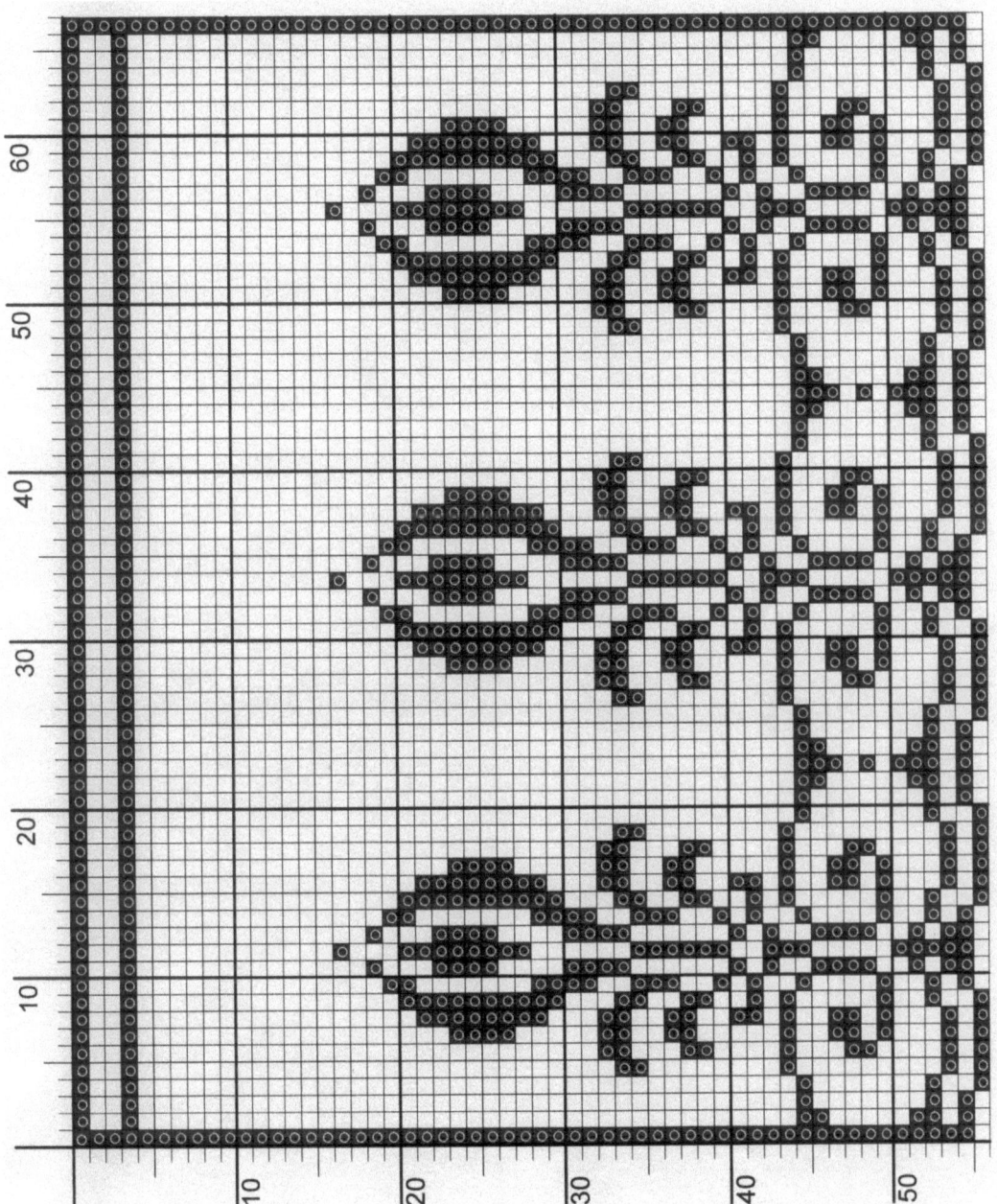

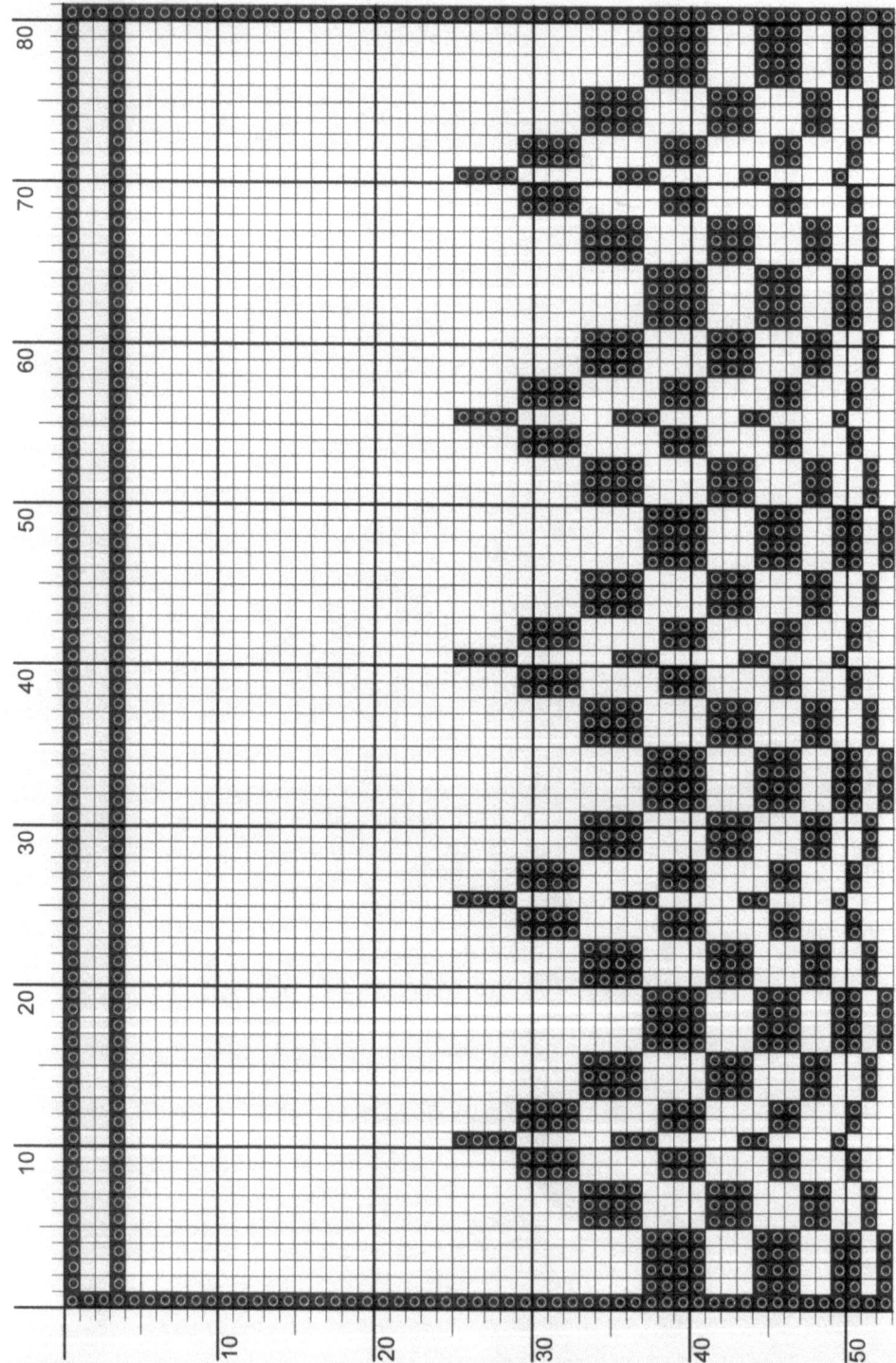

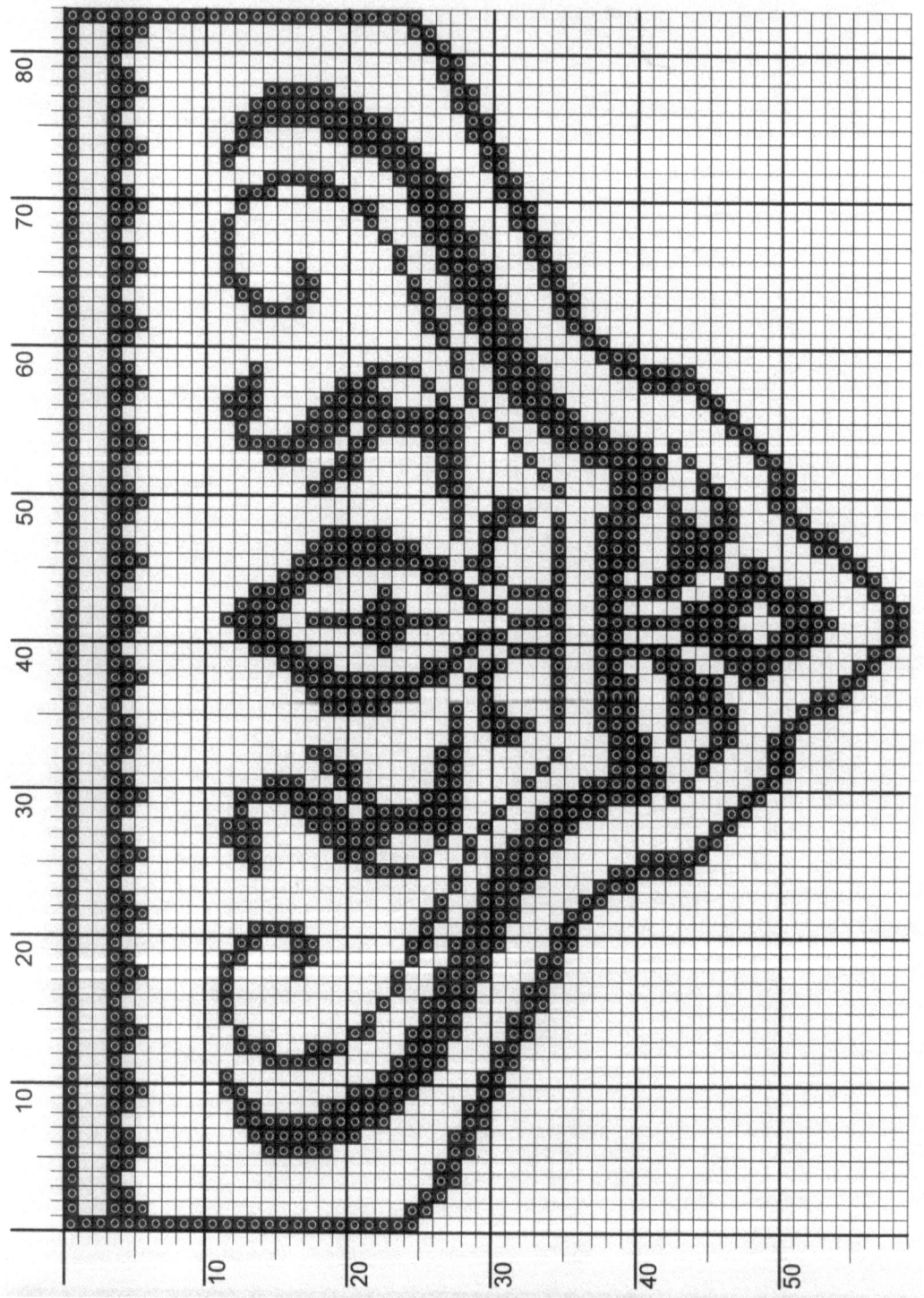

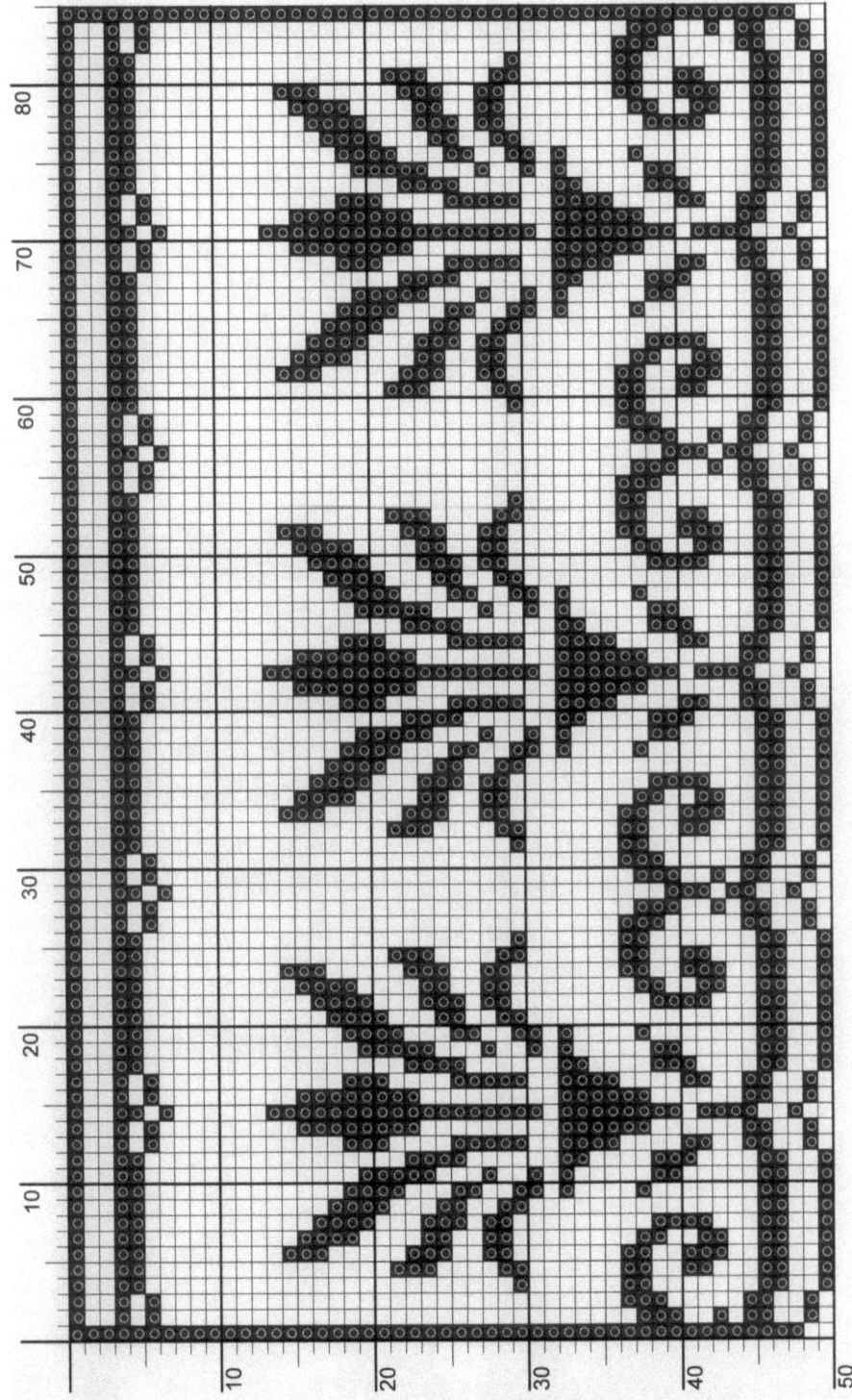

57

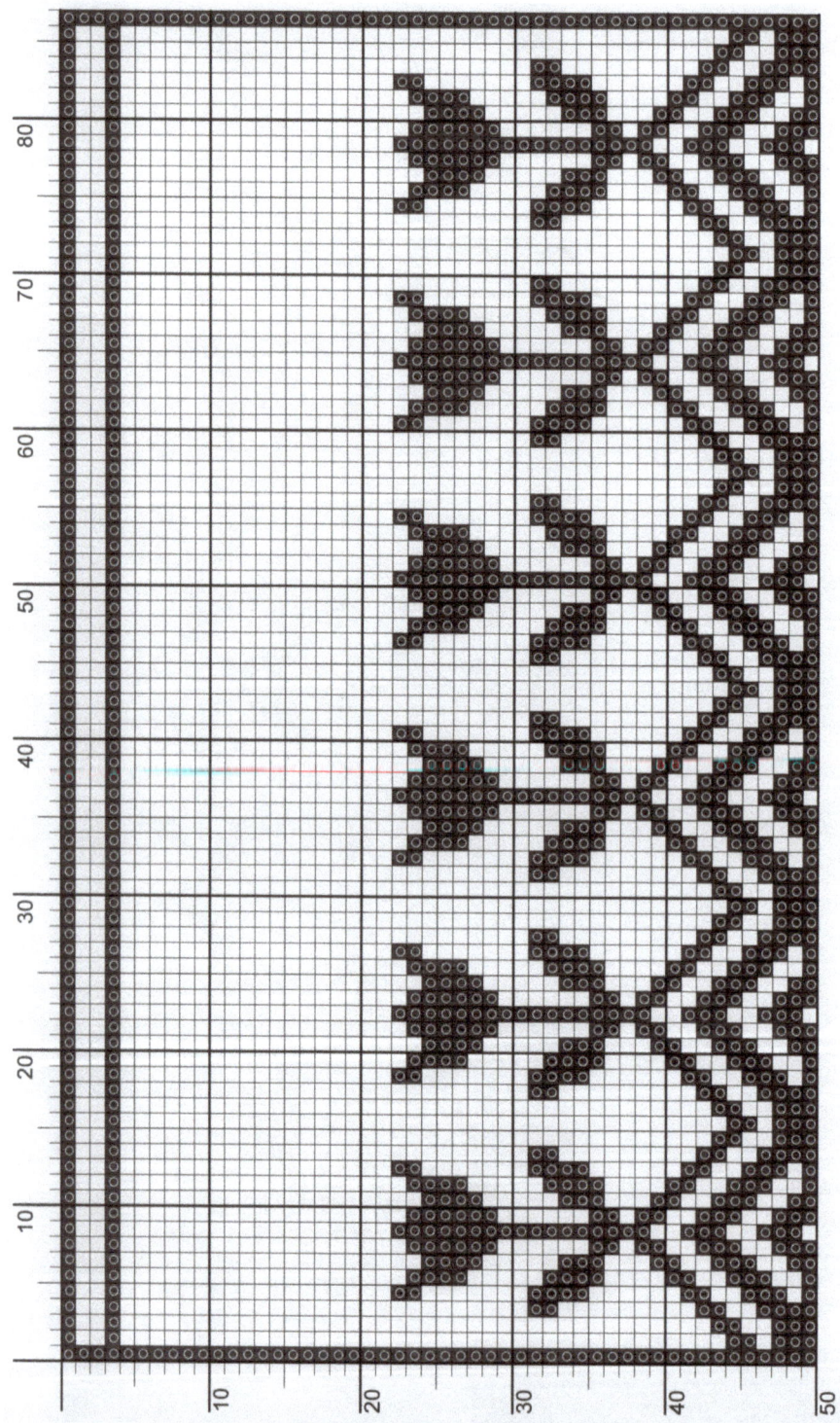

58

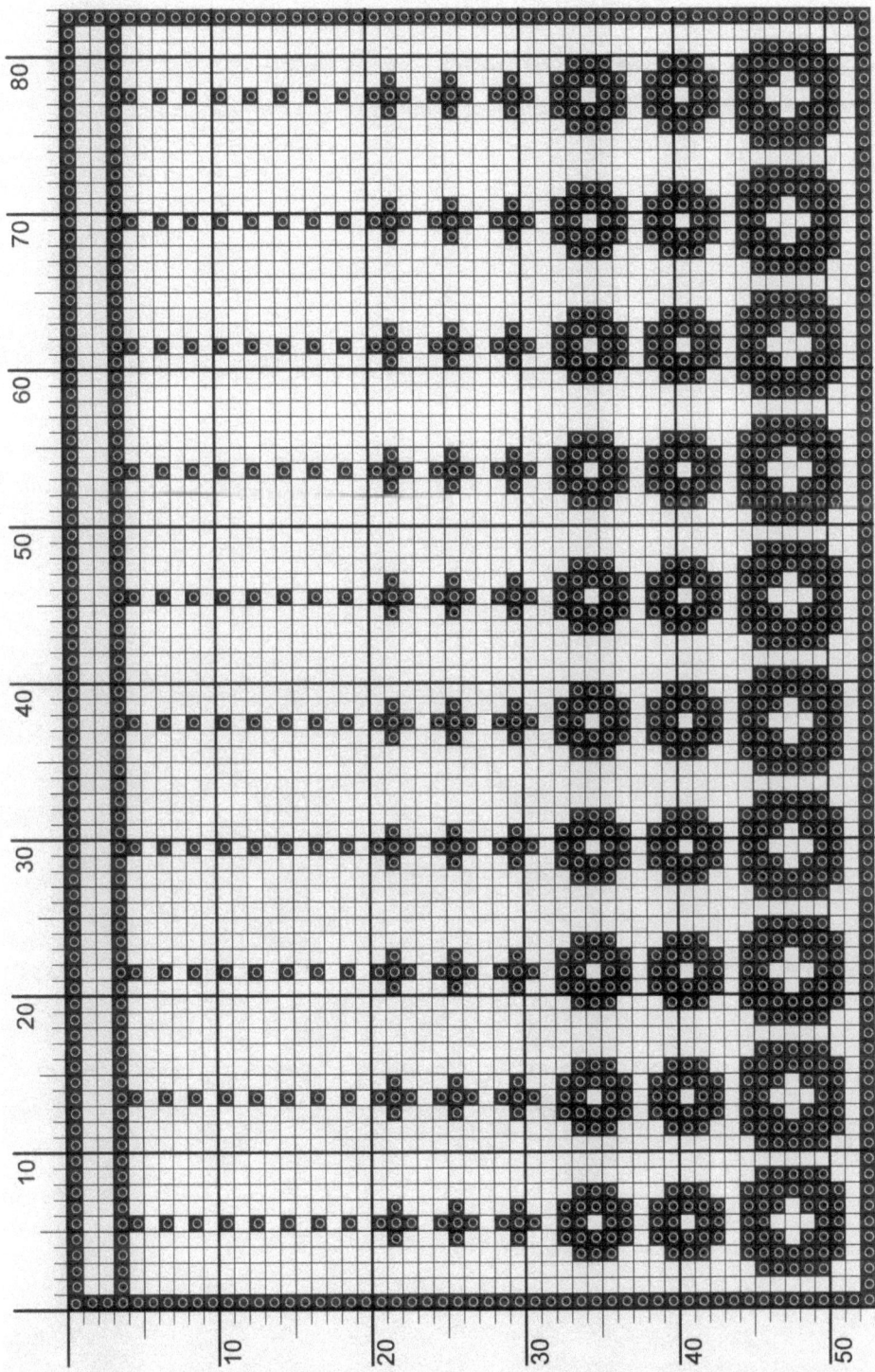

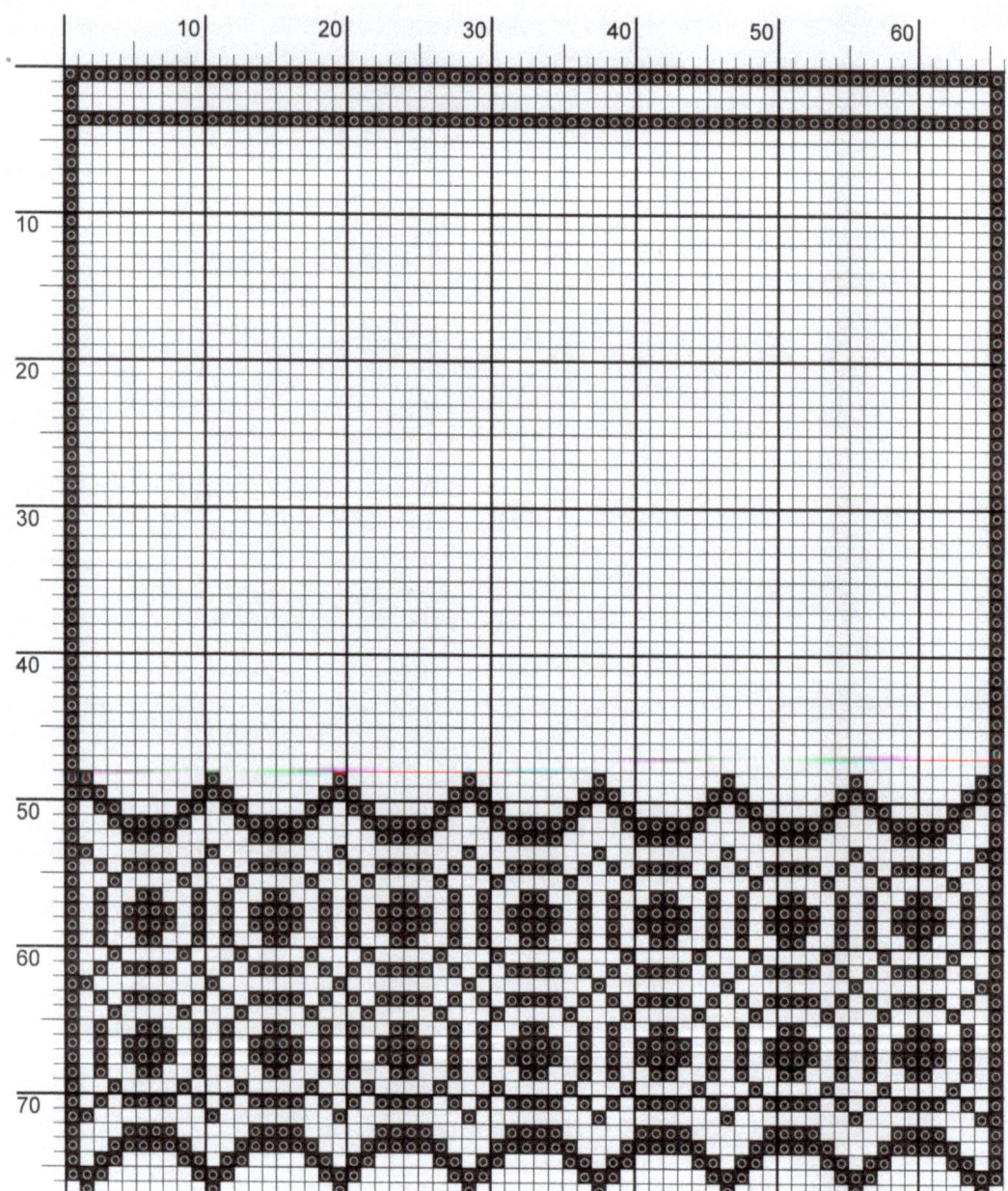

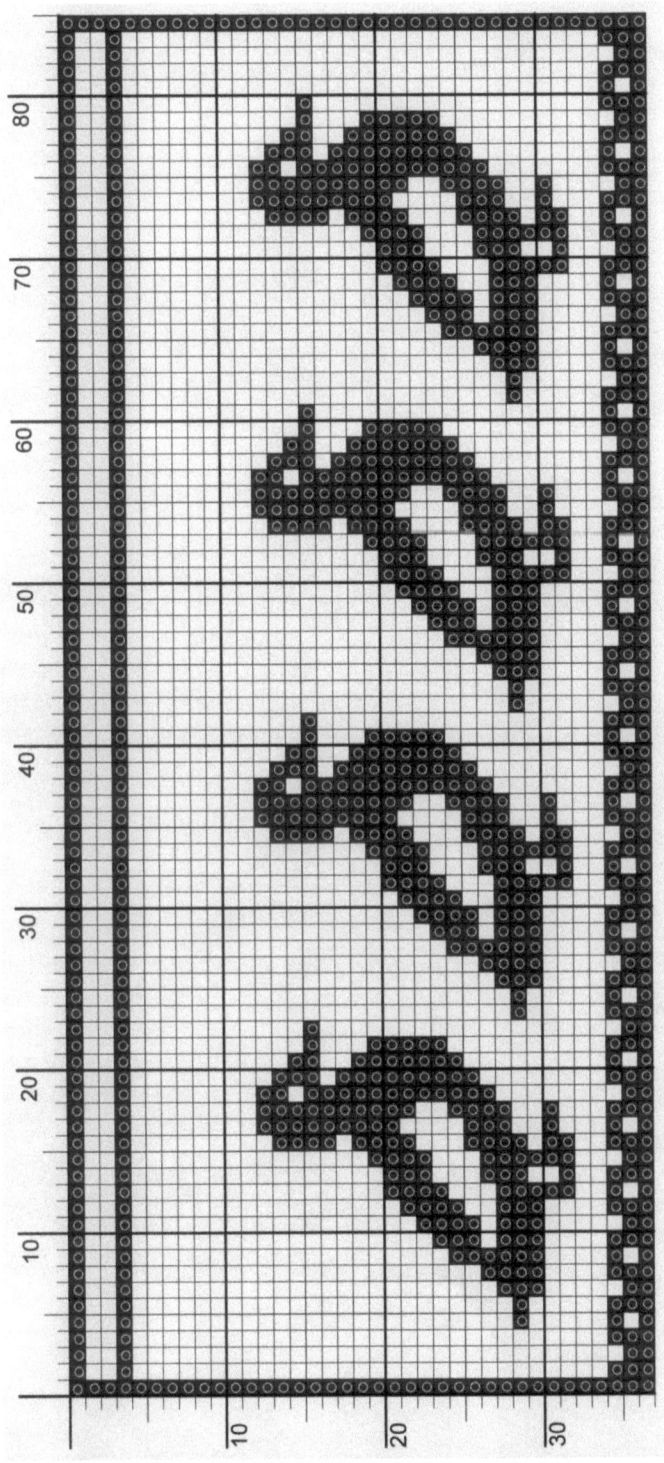

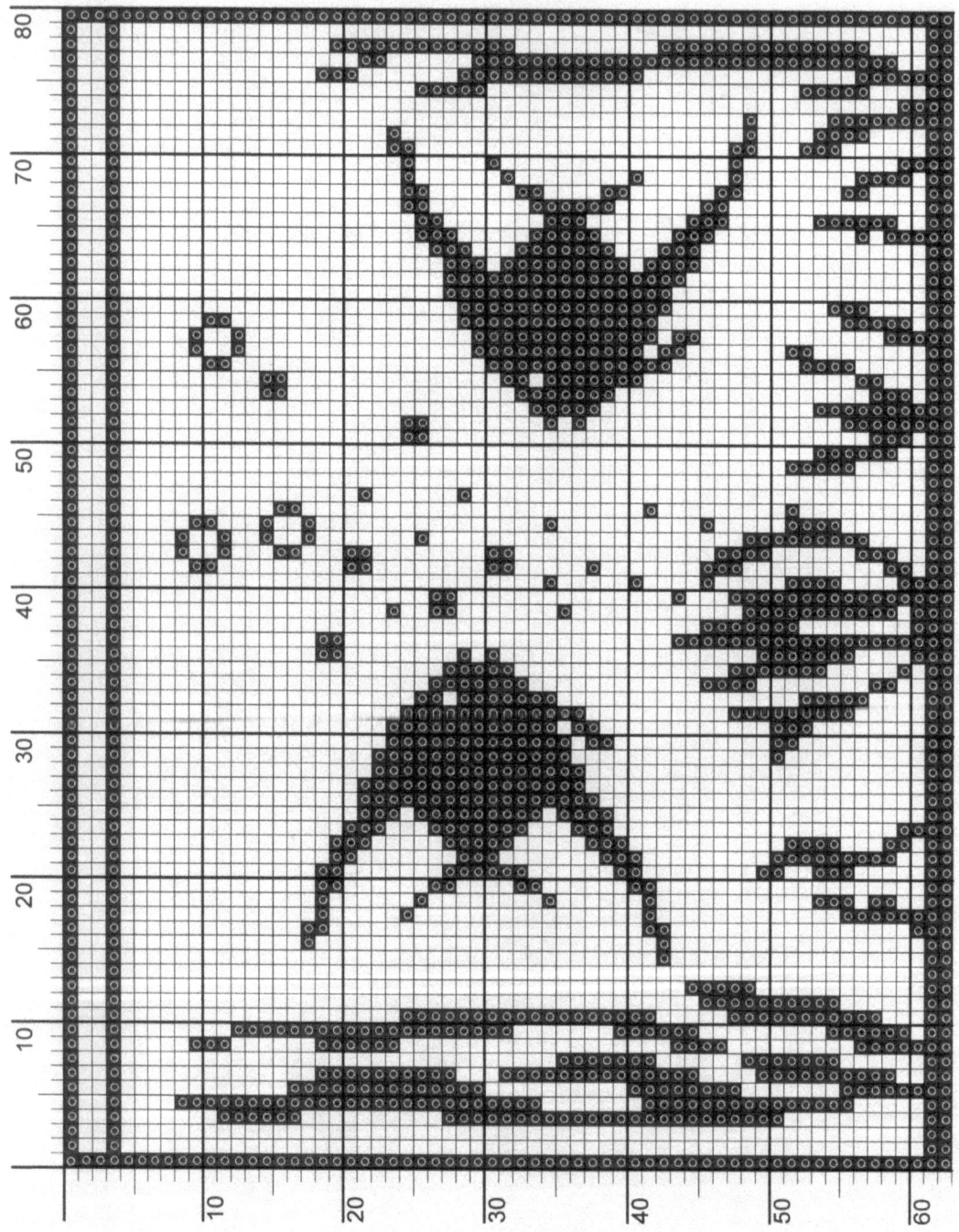

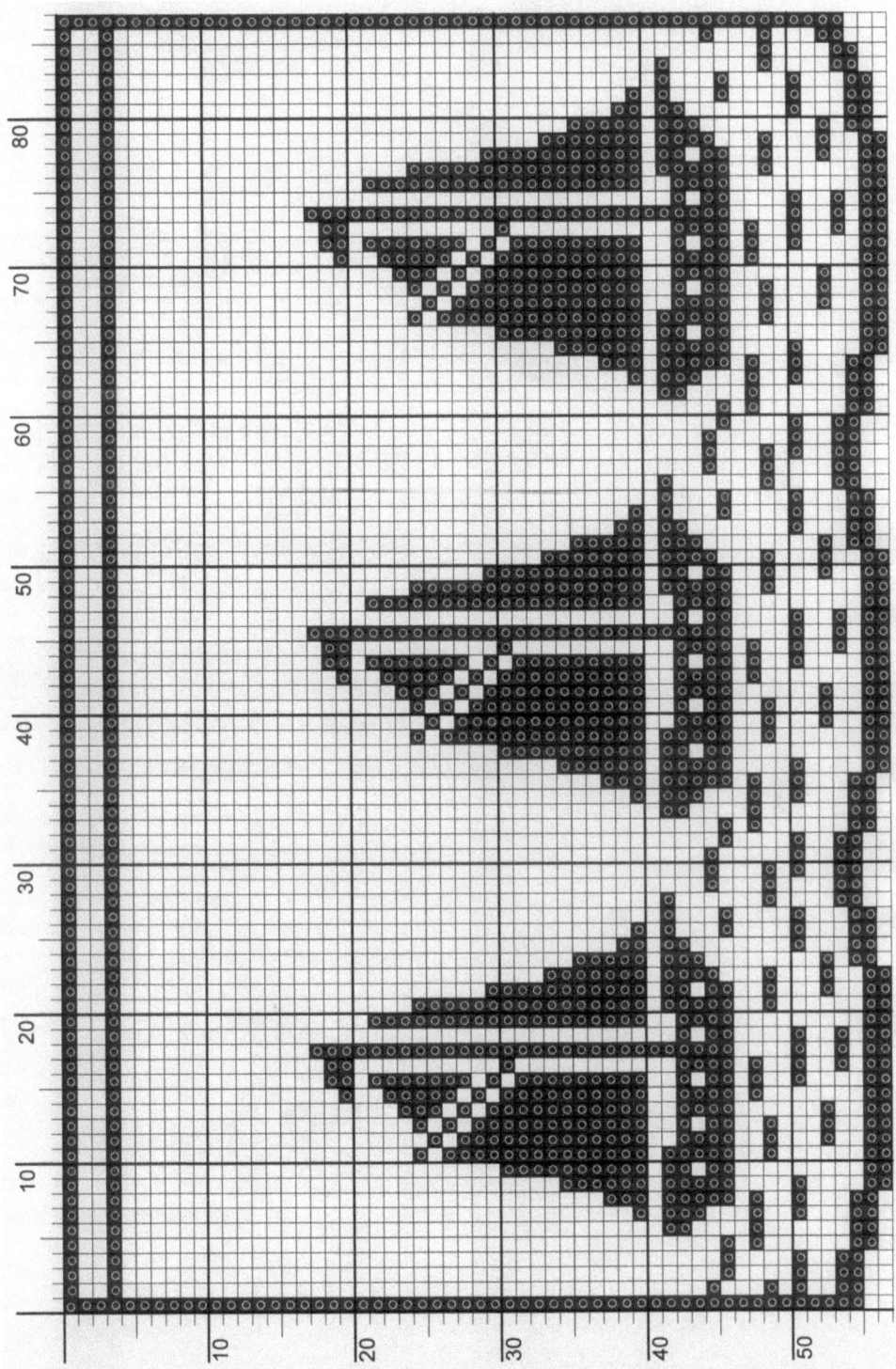

63

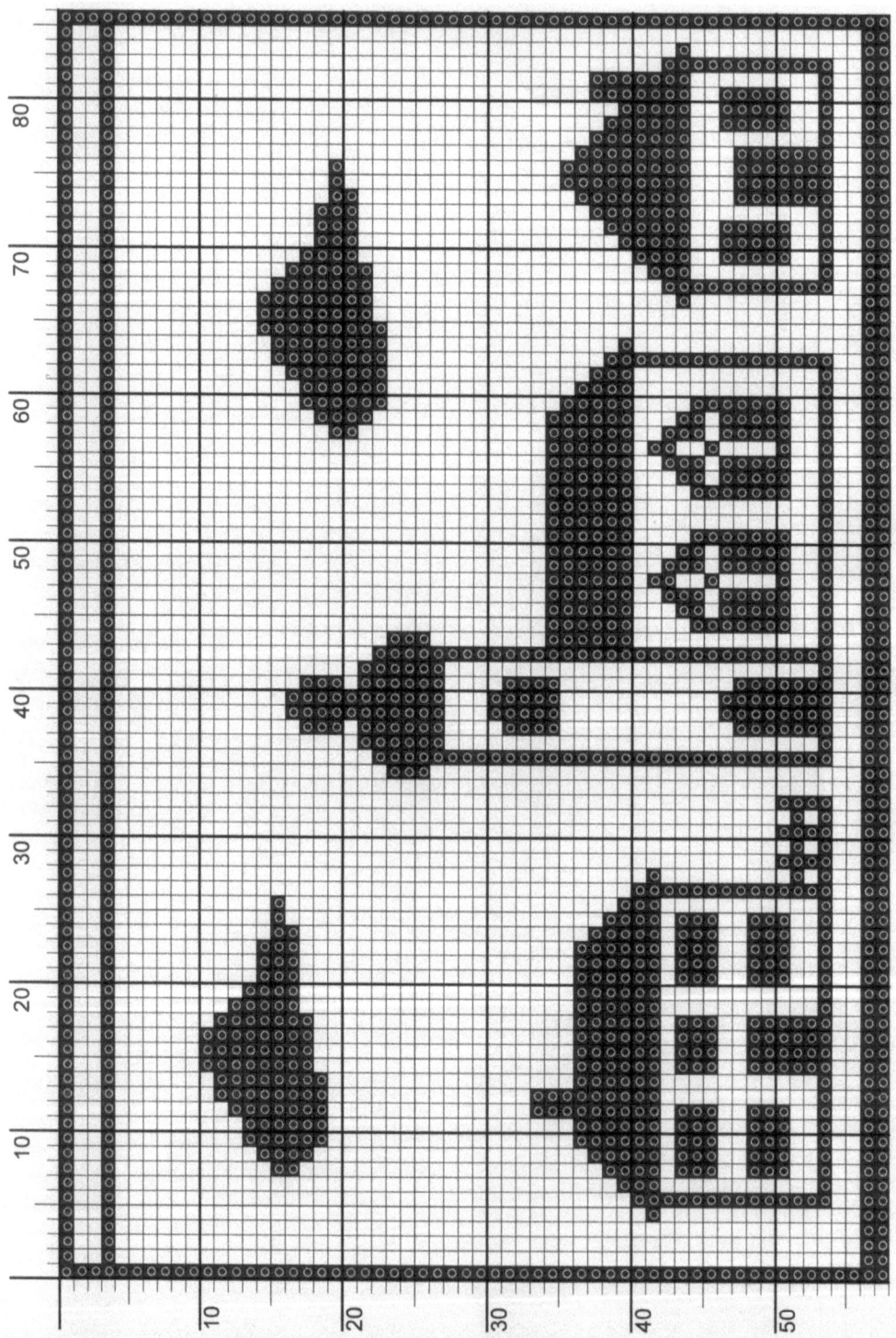

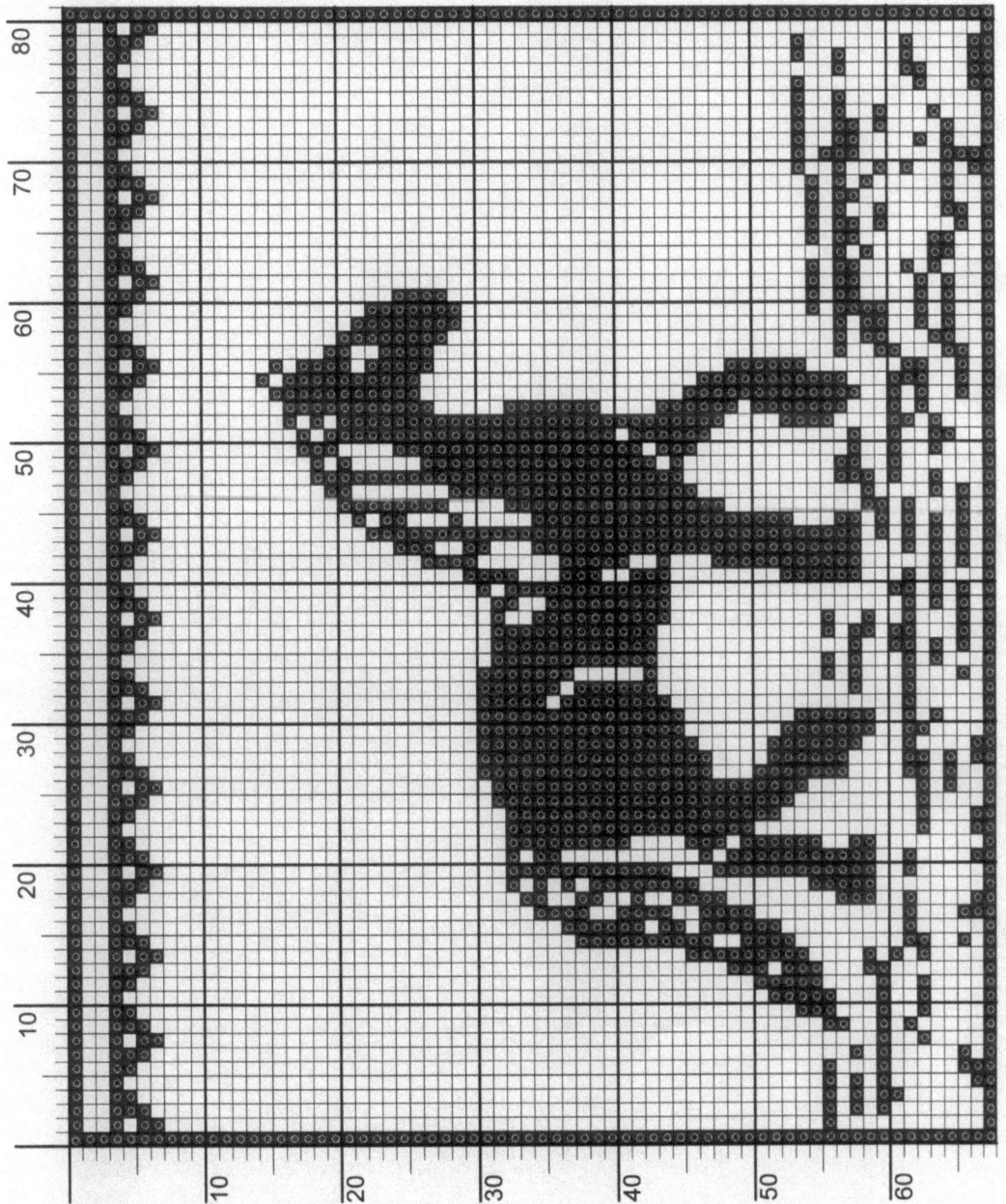

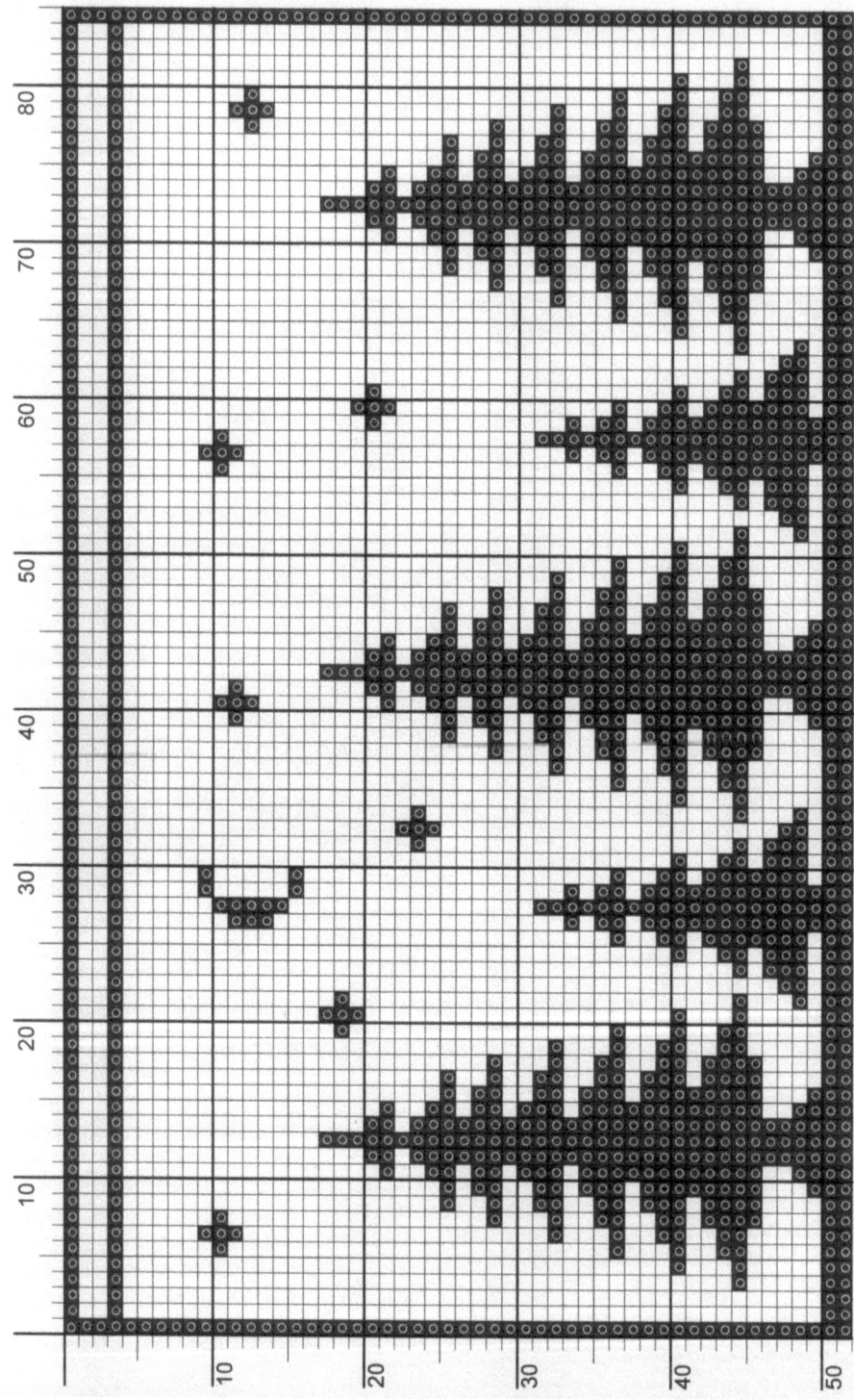

Für alle, die noch mehr Häkelinspirationen suchen:

Gehäkelte Gardinen 1, 2017, Paperback, 80 Seiten, 9,95 EUR
ISBN 978-3744812924

Gehäkelte Gardinen 2, 2011, Paperback, 80 Seiten, 9,95 EUR
978-3842384934

Gehäkelte Gardinen 3, 2013, Paperback, 72 Seiten, 8,95 EUR
ISBN 978-3732238164

Gehäkelte Gardinen 4, 2017, Paperback, 68 Seiten, 8,95 EUR
ISBN 978-3744836562

Lustige Häkelfiguren, 2013, Paperback, 72 Seiten, 9,90 EUR
ISBN 978-3732254804

Aus dem Ei gehäkelt, Paperback, 52 Seiten, 7,99 EUR
ISBN 978-3743165571

Kleine Puppen häkeln, 2016, Paperback, 68 Seiten, 9,90 EUR
ISBN 978-3842357884

Schutzengel, Weihnachtsengel und Glücksbringer häkeln
e-book, 2016, 2,99 EUR

Eulen häkeln für Groß und Klein
e-book, 2015, 2,99 EUR

Schildkröten häkeln für Groß und Klein
e-book, 2015, 2,99 EUR

Impressum

Dieses Werk einschließlich aller seiner Teile ist urheberrechtlich geschützt.

Jede Verwertung außerhalb des Urheberrechtsgesetzes ist ohne Zustimmung der Autorin unzulässig und strafbar. Das gilt insbesondere für Vervielfältigungen, Übersetzungen, Mikroverfilmungen sowie die Einspeicherung und Verarbeitung in elektronischen Systemen.

Es ist daher nicht gestattet, Abbildungen dieses Buches zu scannen, in PCs oder auf CDs zu speichern bzw. zu verändern oder einzeln oder zusammen mit anderen Bildvorlagen zu manipulieren – es sei denn, mit Genehmigung der Autorin.

Die im Buch veröffentlichten Anleitungen, Muster und Tipps wurden sorgfältig erarbeitet und geprüft. Eine Garantie kann dennoch nicht übernommen werden, ebenso ist eine Haftung der Autorin für Personen-, Sach- und Vermögensschäden ausgeschlossen.

Jede gewerbliche Nutzung der Arbeiten und Entwürfe ist nur mit Genehmigung der Autorin gestattet. Bei der Anwendung im Unterricht ist auf dieses Buch hinzuweisen.

© 2018 Elke Selke

Herstellung und Verlag: BoD – Books on Demand, Norderstedt.
ISBN: 9783752806441